Zhongguo Wenhua
Zhishi Duben

中国文化知识读本

拉祜族

主编 金开诚

编著 李珊珊

吉林出版集团有限责任公司
吉林文史出版社

图书在版编目（CIP）数据

拉祜族 / 李珊珊编著 . —长春：吉林出版集团有
限责任公司：吉林文史出版社，2010.3（2022.1 重印）
（中国文化知识读本）
ISBN 978-7-5463-2668-9

Ⅰ.①拉… Ⅱ.①李… Ⅲ.①拉祜族－民族文化－中
国 Ⅳ.①K285.8

中国版本图书馆 CIP 数据核字（2010）第 045871 号

拉祜族

LA HU ZU

主编/金开诚　　编著/李珊珊

项目负责/崔博华 责任编辑/曹恒 于涉

责任校对/钟 杉 装帧设计/曹恒

出版发行/吉林文史出版社 吉林出版集团有限责任公司

地址/长春市人民大街4646号　邮编/130021

电话/0431-86037503　传真/0431-86037589

印刷/三河市金兆印刷装订有限公司

版次/2010 年 3 月第 1 版　2022 年 1 月第 3 次印刷

开本/650mm×960mm　1/16

印张/8 字数/30千

书号/ISBN 978-7-5463-2668-9

定价/34.80元

关于《中国文化知识读本》

　　文化是一种社会现象，是人类物质文明和精神文明有机融合的产物；同时又是一种历史现象，是社会的历史沉积。当今世界，随着经济全球化进程的加快，人们也越来越重视本民族的文化。我们只有加强对本民族文化的继承和创新，才能更好地弘扬民族精神，增强民族凝聚力。历史经验告诉我们，任何一个民族要想屹立于世界民族之林，必须具有自尊、自信、自强的民族意识。文化是维系一个民族生存和发展的强大动力。一个民族的存在依赖文化，文化的解体就是一个民族的消亡。

　　随着我国综合国力的日益强大，广大民众对重塑民族自尊心和自豪感的愿望日益迫切。作为民族大家庭中的一员，将源远流长、博大精深的中国文化继承并传播给广大群众，特别是青年一代，是我们出版人义不容辞的责任。

　　《中国文化知识读本》是由吉林出版集团有限责任公司和吉林文史出版社组织国内知名专家学者编写的一套旨在传播中华五千年优秀传统文化，提高全民文化修养的大型知识读本。该书在深入挖掘和整理中华优秀传统文化成果的同时，结合社会发展，注入了时代精神。书中优美生动的文字、简明通俗的语言、图文并茂的形式，把中国文化中的物态文化、制度文化、行为文化、精神文化等知识要点全面展示给读者。点点滴滴的文化知识仿佛繁星，组成了灿烂辉煌的中国文化的天穹。

　　希望本书能为弘扬中华五千年优秀传统文化、增强各民族团结、构建社会主义和谐社会尽一份绵薄之力，也坚信我们的中华民族一定能够早日实现伟大复兴！

目录

一

黑黄白色共融繁衍

拉祜族自称"拉祜",有"拉祜纳"（黑拉祜）、"拉祜西"（黄拉祜）、"拉祜普"（白拉祜）等支系。史称、别称有"史宗""野古宗""苦聪""倮黑""磨察""木察""目舍"等。1953 年，澜沧拉祜族自治县成立，根据本民族人民意愿，统一定族名为"拉祜族"。现有人口 41 万余人。

拉祜族属汉藏语系藏缅语族彝语支，大多数人通汉语和傣语。部分拉祜族普遍使用过西方传教士创制的拉丁字母形式的文字。后来，在原有的字母基础上，创制了拼音文字，推广使用。拉祜族主要分布在云南省澜沧江流域的思茅、临沧两地区，相邻的西双版纳傣族自治州、红河哈尼族彝族自治州及玉溪地区也有分

拉祜族人源于青海，生活于云南

拉祜族

002

拉祜族人生活在群山巍峨的澜沧地区

布。其中，澜沧拉祜族自治县和孟连傣族拉祜族自治县是最主要的聚居区。另外，作为跨界民族，缅甸、泰国、越南、老挝等国家也有十六万多拉祜人居住。拉祜族聚居地地处亚热带山区，夏无酷暑，冬无严寒，一年中雨季、旱季分明。澜沧地区群山巍峨，河道逶迤，风光怡人，资源丰饶，已发现的矿藏资源有铅、锌、铁、锑、铜、金、银、锰、煤、石膏、石墨、石灰石、水晶石等，尤以铅、锌、铁、褐煤、石灰石蕴藏量丰富。拉祜族经济以锄耕农业为主，旱谷、水稻、玉米是主要作物，除种植粮食以外，还大力种植甘蔗、茶叶、咖啡、橡胶。现在还建起了农机、

黑黄白色共融繁衍

制糖、制茶、采矿等地方工业。

　　新中国成立前，拉祜族地区社会经济发展极不平衡。临沧、思茅、元江和墨江等地于19世纪80年代至20世纪20年代先后形成封建地主经济；澜沧东北部、双江、景东、镇源、景谷等地虽然也基本形成封建地主经济，但生产落后，土地集中程度不高，尚残存村社组织和土司制度特权剥削。这些地区的拉祜族，约占本民族总人口的半数左右，所用农具与汉族基本相同，但耕作粗放，产量较低。地租一般占产量的一半。手工业有打铁、纺织、制竹器等，一般属于自给自足的副业，很少在市场出售。隶属于傣族土司

澜沧江景观

拉祜族

的拉祜族村社，社会状况亦参差不一。

耿马拉祜族为傣族土司农奴；澜沧西南部、孟连和西双版纳等地拉祜族为傣族土司贡纳制隶属农民，本族部落首领与成员间初步形成封建隶属关系，但亦有不少地方还残存着大家庭公社组织。这些地区的生产更加落后，生活更为贫困。铁制农具极其昂贵，十分缺乏，还停留在刀耕火种阶段，产量很低。除农业外，还有季节性的狩猎、养蜂和采集，在经济生活中起着重要的辅助作用。金平县拉祜族（苦聪人）的社会经济则严重倒退，他们在森林中从事原始迁徙农业，住的是仅有一人高的简易小屋，不会纺织，以兽皮或蕉叶蔽体，即便是19世纪时还采用"无言贸易"方式与外族交易。

中华人民共和国成立后，拉祜族人民获得了新生。澜沧拉祜族自治县、孟连傣族拉祜族佤族自治县先后成立，拉祜族人民享受到了民族平等和当家作主的权利。党和人民政府根据拉祜族地区社会经济发展的不同情况，于1958年完成社会主义改造，经过五十多年的开发建设，拉祜族地区的各项事业都取得了较大的发展。农业

澜沧江大拐弯

澜沧地区的拉祜族民居

生产有了根本改善，许多地方种植了双季稻，粮食产量逐年增加。建起了规模可观的炼铁、农机、制糖、纺织、造纸、水泥、采煤等厂矿企业，其中澜沧铅矿是云南省著名的大型企业。还兴办了一批发电站，仅澜沧县有兴建大小电站70多座，全县大部分地区实现了电力照明。

原来各县、区、乡间只有崎岖小径，现在兴修了公路，邮电事业已能为最偏远的居民点服务。商业和农贸市场繁荣，普遍办起小学，县里还有中学，并培养出部分大专院校毕业的专业人才，一支有文化的民族干部队伍业已初步形成。

二 风俗习惯颇具特色

竹筒饭是拉祜族人的特色食品

日常食俗

以稻米为主食，次为玉米、豆类、荞麦等，一日三餐，舂米现煮。蔬菜有萝卜、芋头和酸笋，喜食辣椒、鱼和野兽肉。喝山泉水，男女皆喜吸草烟、吃煮茶，尤嗜饮酒。"剁生肉"是待客最好的菜肴。

拉祜族过去有日食两餐的习惯，主食为当地生产的大米和包谷。拉祜族擅长用竹筒做饭，这种竹筒饭一般是到山上劳动时才做，在家里就用土锅煮饭，用土锅煮出来的饭特别清香。

竹筒饭的做法非常简单：砍来新鲜的竹筒，把米放到竹筒里，再放上适当的水，竹筒口用树叶子塞住，再把竹筒放到火上烧。

等到竹筒外壳烧焦之后，竹筒里的饭也就熟了，这时，只要用刀破开竹筒就可以品尝香喷喷的竹筒饭了。

金灿灿的稻子

拉祜族的餐具大部分用竹子做成，有竹碗、竹勺、竹盐盒、竹编的饭盒，还有用木头做的碗和勺等，这些餐具都制作得美观实用。

拉祜族吃的米饭一般是旱稻，旱稻一年只能种一季。因为拉祜族居住的山区没有水田，只能种旱稻。旱稻不需要太多的水，靠老天下雨就可以有收成。拉祜族种的旱稻产量很低，但米饭的味道很好吃，煮出来的米饭成红色，不用吃，用鼻子闻就能闻到香味。

拉祜族还喜用鸡肉或其他配料加大米或包谷做成稀饭，有瓜菜、菌子、血、肉等各种稀饭，其中鸡肉稀饭为上品，在制作包谷饭时，先将包谷春成碎块，簸去糠皮，后用清水浸泡一夜，淋干后春细，揉成细小均匀的颗粒，用竹甑蒸熟成糕状，即可食用。食时可用筷子，或用刀切成块，有时还加上糖或蜂蜜，细糯香甜可口。拉祜族的日常菜中最受欢迎的是将菜、肉及相应的佐料与水放入一段鲜薄竹筒内煮熟，这样既有竹之清香，又保持原有肉菜的香味。

拉祜族烤肉别具风味，大都是猎获的野兽肉，他们把肉或直接用火烤，或用芭蕉叶

烤肉是拉祜族人喜爱的食品

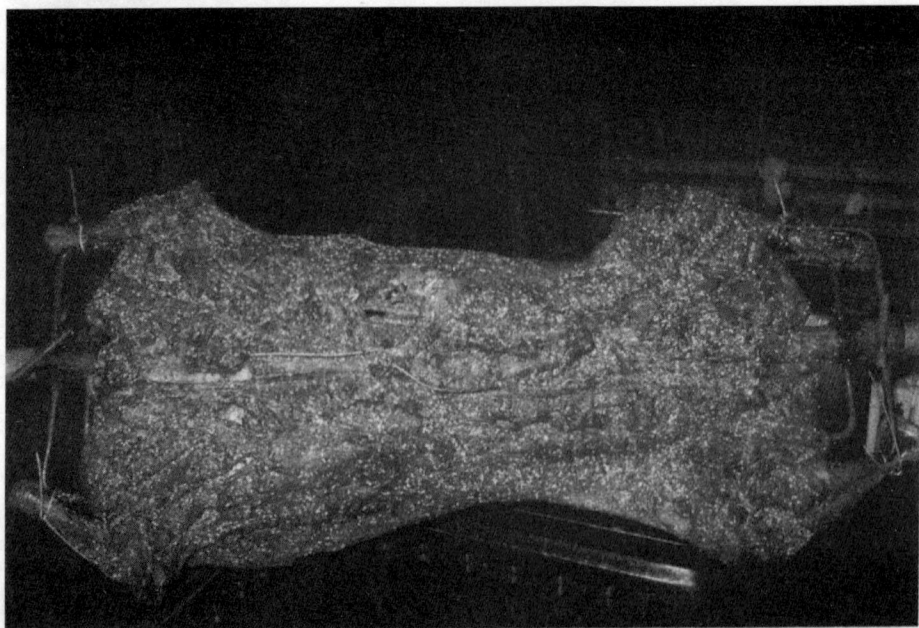

拉祜族人喜食吃辣椒

将肉包住埋入火中，烧熟而食。烤肉香脆可口，佐以麻辣后还能开胃。拉祜族中的苦聪人在狩猎时，习惯将猎获的兽头奖给第一枪射中者，将前腿奖给发现猎物的人，剩下的肉，人均一份。猎获物的下水，就地燃火，放入竹筒内煮熟分食。在开膛剖肚时，中年人喜欢用手捧喝热气腾腾的"护心血"，据说猎物的护心血有补血，消除劳损的妙用。拉祜族不仅会腌菜、腌肉、磨豆腐，还会酿酒。在民间，男女均嗜饮酒，并有在酒肉上不分彼此的习惯。

拉祜族的男女老少都喜欢吃辣椒，拉祜山的辣椒有多种，一种是人工种植的辣椒；

一种是野生的辣椒。因为拉祜族喜欢吃山里的野菜，野菜没有辣椒是不好吃的，所以，拉祜族吃饭都离不开辣椒，就算没有其他的下饭菜，用辣椒下饭同样吃得开怀。

拉祜族地区盛产茶叶，是著名的茶叶之乡。拉祜人擅长种茶，也喜欢饮茶。茶，是他们的生活必需品。每日外出劳作之前，晚上回家之后，饮茶、品茶是他们的生活习惯，更是一大乐趣。他们可以一日不进餐，但不可一日不饮茶，他们说："不得茶喝头会疼。"拉祜人的饮茶方法也很独特：把茶叶放入陶

拉祜族人喜欢饮茶

拉祜族

制小茶罐中，文火焙烤，待罐热茶香之时，注入滚烫的开水，茶在罐中沸腾翻滚，之后倒出饮用，谓之"烤茶"或"煨茶"。有客至，必以烤茶相待。但按习惯，头道茶一般不给客人，而是主人自己喝，以示此茶可以饮用，请客人放心饮用。第二道茶清香四溢，茶味正浓，这才献给客人品饮。拉祜族人还用竹筒制茶，竹筒茶制作方法是：将新采的茶叶揉炒之后，放入青嫩的竹筒内压实，然后放到火塘边烤干，再剖开竹筒，取出茶叶即可。它混合了醇厚的茶香和浓郁的竹香，是拉祜族别具风味的饮料。

拉祜人擅长种茶

风俗习惯颇具特色

粑粑是拉祜族人的传统节日食品

节庆、礼仪食俗

拉祜族传统节日有拉祜年，还有扩塔节（即春节）、火把节、月亮节和尝新节等节日。其中最隆重的节日是过拉祜年。从秋季开始，拉祜族的男人就开始上山狩猎，准备野味，进入腊月便杀鸡烤肉，除夕晚上舂粑粑，大的粑粑象征太阳和月亮，小的粑粑象征星星和五谷丰登，在农具上要放上一些粑粑，表示让它们和主人一起分享节日的快乐。村寨里宰牲口的时候，户主都要给各户分一节大肠和几勺鲜血，民间有不见牲血不吃肉之说。初一凌晨，全寨的年轻人都要背葫芦或抬竹筒，到山泉去抢新水，然后便开始正式过年，

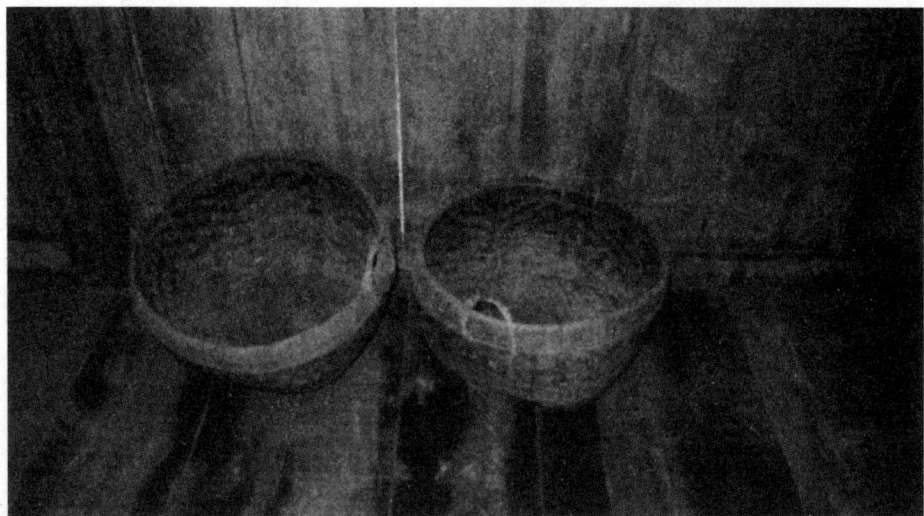

日常生活用品——竹筐

喝酒唱歌。一般过年都由初一到初五；初九到初十一为小年。据说过小年是专为那些在初一到初五期间不能赶回家乡的亲人预备的，因而小年的活动内容基本与大年相同。大年初一不准外族进寨，进寨住在家里的客人也不准走。有的拉祜族过年时，要杀猪宰羊或全寨合在一起杀牛、置酒、打粑粑。在过尝新节时，男女分别在稻田和包谷地里选一些颗粒饱满、成熟较早的稻穗和包谷做新米饭，并以鲜菜瓜果、杀猪煮酒，邀舅舅、叔伯和亲友共同聚餐。若有客至，都要敬酒献茶。献茶时，一般第一碗主人自己喝，第二碗敬客人，以表示真诚及茶水中无毒，让客人放心饮用。

拉祜族的特色美食

拉祜族青年男女婚恋和社交比较自由。婚嫁的当天，男女双方都要杀猪，男方要把猪头送到女方家，然后破成两半，一半仍要带回；女方家的猪头也是如此，以表示骨肉至亲、"新婚和合"。在重要的节日和社交场合，也有送猪头的习惯。

祭祀食俗

拉祜族过去信仰原始宗教和大乘佛教，每逢节日或过年，家家都要赕佛和敬祖。在进行各种祭祀时要洗澡、换衣，在专人指挥的"三鸣炮"仪式献祭品鱼后把祭品分到各户，以保证各家各户都能得到"福分"。在镇沅、新平一带的拉祜族人，每年农历六月二十四要过年节，要由家里主事人提着鸡到自家田里用石头搭一石台，上面铺上松毛(即松树叶)，插上麻栎树的叶子，再架一个小梯子，然后杀鸡，以鸡血淋在石台的四周，念完祈望五谷丰登、人畜兴旺的祭词后，摘一些成熟的谷穗，连鸡带回，作为当天过节的食品。晚上还要杀鸡，用三只鸡的翅膀、酒、新谷及香等祭祀谷神。

节日聚会找对象

拉祜族青年男女找对象，主要是在节日聚会的场所。他们选择对象的条件一般是：

男的要会犁地、耙地、砍柴、铲麻、纺麻线、打猎，为人要诚实勤快，至于外表是次要的；女的要会接麻线、织布、缝衣服，为人要勤快，心地要好，至于相貌漂亮与否也是次要的。如果某个小伙子喜欢某个姑娘，要用藤篾编制脚圈、项圈送给她。若姑娘感到合心意，则送一条用五色线编织成的腰带给小伙子，表示定情。双方交往一段时间认为满意后，男的就告诉父母，请媒人提亲。按惯例要提亲三次；第一次带上茶叶一包烟草一包，烧酒一瓶；第二次带上煮茶用的土罐两个，烟草两把，酒二十碗；第三次带上土布一件，谷子两邦（每邦约六千克），绿布一尺，并

拉祜族摆舞

拉祜族

可选定婚期。

结婚不设宴，离婚要请客

拉祜人有一种习俗：结婚不需备办酒席。结婚这天，通常先由一位德高望重的老年人向新婚夫妇祝福，随后，打扮得漂漂亮亮的姑娘和小伙子们便伴着新郎新娘，围着燃起的火塘载歌载舞。拉祜人认为，火塘标志着夫妻双方有一颗火热的心，人们围着火塘歌舞，是祝福新婚夫妇终生相爱。拉祜人结婚这天用来招待客人的东西，是自己的旱烟、烤茶、松子、栗果之类，从来不提倡讲排场。但拉祜人离婚就大不一样。根据他们的习俗，提出离婚的一方，要备办丰盛的酒席请客，客人不必送礼。这种带有"惩罚"性质的习俗，目的在于告诫年轻人在选择对象时要慎重考虑，一旦结婚，就要做到终生相爱。同时，"离婚宴"还含有劝诫双方今后不要相互仇视的意思。

拉祜族过去一般不与外族通婚，在本民族内禁止五代以内直系血亲结婚。青年男女享有充分的恋爱自由，但不允许婚前发生性关系，未婚怀孕会受到严重的处罚。农闲之际往往由男青年结伴串寨，以葫芦

火塘

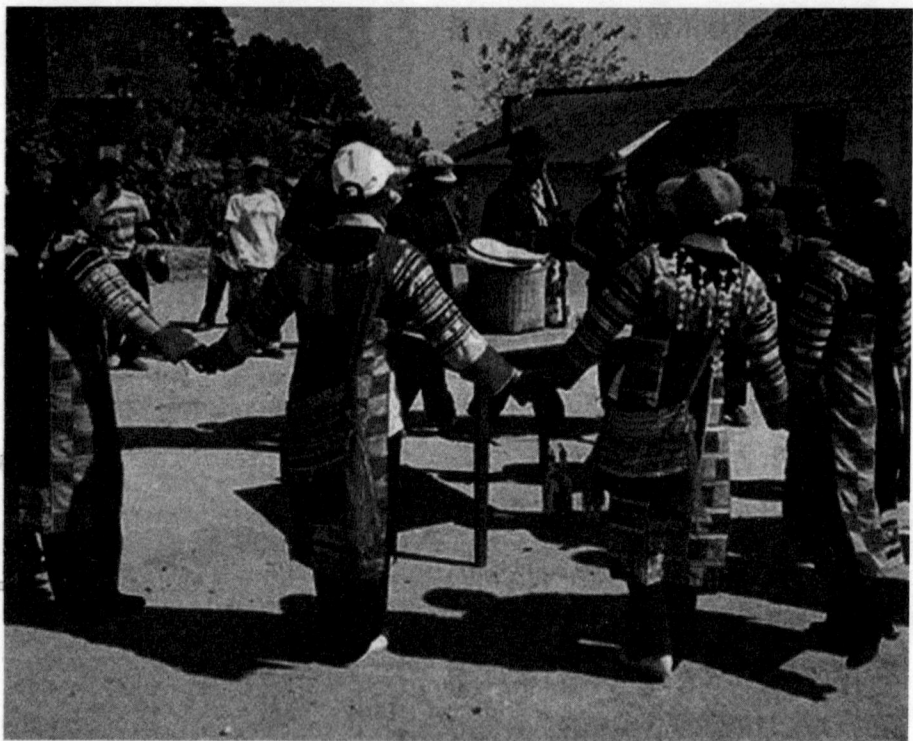

拉祜族人跳舞场景

笙、树叶一类乐器向寨子里的姑娘发出邀约信号，姑娘闻声，相约出寨，一起去寨外林地对歌，互吐衷情。

拉祜族的婚姻一般经过串婚、订婚和进行正式的结婚仪式等过程。串婚，也叫串姑娘，是拉祜族青年男女恋爱的方式。拉祜族选择配偶，主要是看对方是不是心地善良，能不能体贴老人和爱护兄弟姐妹，品行是否端正，还要吃苦耐劳。拉祜族男子一般喜欢手巧勤快的女子；拉祜族姑娘一般喜欢能犁地、砍柴的男子。不论男女，在选择对象的时候，看重的是对方的人品，容貌是次要的。

拉祜族串婚的时间，要根据农业生产的季节来定，农忙的时候是不能谈情说爱的。一般在每年的"火把节"开始到地里的谷米成熟之后，这段时间就是拉祜族青年串姑娘的季节了。

串姑娘的时候，小伙子会相约自己的好友一起去帮忙，姑娘也同样会约着自己的好友一起去。串婚的时候，一般是这个寨子的小伙子到另一个寨子去串姑娘，小伙子串姑娘一定要吹芦笙，在寨子外燃起篝火。听到芦笙响，寨子里的姑娘就会出来跟小伙子对情歌。有趣的是，串婚的双方不对歌，而是

拉祜族男子吹起芦笙

风俗习惯颇具特色

拉祜族青年抢包头

由双方的朋友帮忙对歌。对歌的内容很丰富，有的唱传统的情歌，有的是即兴演唱，但歌词都是和爱情有关。

通过对歌，哪个小伙子看上哪个姑娘就会想办法抢去她的包头。如果姑娘对小伙子有意，就半推半就让小伙子抢去包头，她也不要回来；如果姑娘看不中小伙子，她就不让小伙子得手，哪怕小伙子把包头抢去了，姑娘也会想办法把包头要回来。碰到姑娘托人来要包头，小伙子知道姑娘看不上自己，就会礼貌地把包头还给姑娘。

拿到了姑娘的包头之后，男女双方就可以开始谈婚，互赠信物。这时，男女双方会

拉祜族

托一个可靠的亲友把自己的事情告知父母。男方的父母知道自己的儿子找到了意中人，就会找懂得传统婚俗的媒人到女方家说亲。拉祜族的媒人一般为两名男性，都是男方家的亲朋好友，媒人去说亲时要带上酒、烟和茶叶。

媒人到女方家之后，尽管双方都知道对方的意思，但媒人跟女方父母说话不能太直接，而是用一些委婉的语言来表达。如果女方家同意这门亲事，最后就会收下媒人带来的礼物，请来长辈回吃"火塘酒"，亲事就算定下来了；如果女方家不同意亲事，也会用委婉的语言来谢绝。在拉祜族山寨，只要

风俗习惯颇具特色

拉祜族民居内景

儿女喜欢，做父母的一般都会同意亲事。

媒人上门之后，双方老人就会在一起商议儿女的婚事。拉祜族结婚都要选择一个吉日，时间一般是过年前后，农忙时间是不能结婚的。

拉祜族的婚礼较简单，各地的婚礼不尽相同。但有一点是相同的，新人成婚时，老人们要给新人拴"白线"祝福，对他们讲要孝敬老人、好好的过日子之类的话。拉祜族的婚礼一般都会请"磨八"（会唱古歌的巫师）来唱古歌，还要在家门前搭一个"青棚"（用新鲜树枝搭建），在青棚下摆酒席，请全寨子的人来吃。在拉祜族山寨，只要谁家办喜事，寨子人都会来帮忙。

举行婚礼的当天，新郎新娘要一同下山背水，一同上山砍柴，然后将新背的水，新砍的柴送给女方家，同时还要献饭给岳父岳母。接着，新郎新娘再回到男方家里献水献饭，再到寨庙里磕头和供奉礼肉。然后，由村寨老人主持祭寨神仪式。祭礼完结后新郎新娘再到男女双方家里祭祖和敬拜父母亲戚。上述这些仪式完成后，新郎新娘便和宾客一起吃鸡肉稀饭，接着便进入婚礼的高潮——大规模的对歌活动。晚上还要闹新房，届时宾客们，特别是年轻人会挤满新房，尽情地闹洞房。传统的闹新房过程是：新娘端来一盆热水，亲切而甜蜜地喊丈夫洗脚，丈夫把脚伸进盆里，妻子便帮他把脚洗干净。这时候，闹新房的人们故意用火塘灰把新郎的脚弄脏，让新娘重洗，或在热水里撒火塘灰，让新娘重去打洗脚水，如此反复多次，新娘需机警麻利地把新郎的脚洗好，把从娘家带来的一双新鞋给新郎穿上。据说这样做是为了考验新娘的脾气是否温和，为人是否可亲，以及做事是否麻利、机灵等。此外，还可以让新郎新娘表演节目，向新婚夫妇索要喜烟、喜糖、喜酒等。婚日当晚，人们吹起芦笙，载歌

拉祜族的房屋大多是土木建筑

风俗习惯颇具特色

载舞，庆贺这对拉祜青年成婚，往往要娱乐到半夜才结束。婚礼结束后，新郎带着生活用具和生产工具，如锄头、毯子等，并抱公鸡、母鸡各一只，在亲友的陪同下，随新娘到女方家拜访。上门时间一般为三年，这期间新郎可以回家探视父母并帮助干活。上门期满后，丈夫可以携妻和子女回到自己的家里生活，也可以重新盖房屋另立门户。如上门期间已继承了女方家的财产，则要永远留在女方家。

拉祜族男女对爱情非常忠贞，上山打猎、下河捞鱼，夫妻经常同出同归，婚后一般不分开。如果要离婚，则用一根线，男女各拉

拉祜族芦笙舞

拉祜族

云南西盟龙潭风光

一头，找个证明人，拿根火柴把线从中烧断。从此以后，男女各走一方，永不相见。也可以由族长或寨老主持，双方各执一对蜡烛，用剪刀将蜡条剪断，就算完成了民族习俗意义上的离婚。一般情况下，拉祜族的家庭比较稳固，离婚的极少。拉祜族严禁纳妾，也不许发生婚外性关系，违者将被赶出寨子，这在拉祜族中，已经是很重的惩罚了。

丧葬

拉祜族崇拜祖先，对丧葬很重视。据史诗《牡帕密帕》记述，原始时代拉祜族是以树叶茅草掩埋死者。古代拉祜族采用

思茅风光

羌人盛行的火葬。明清以后，在部分地区逐渐改用土葬。保持火葬传统习俗的村落，均有一个集体公用的火葬场。尸体先用清水洗净，用白布裹紧，出殡时请巫师祷告，反复诵念死者回祖先住地时所经过路线的地名。有的地区送葬时，前面一人用死者生前所用的弩弓不时向前方射箭，后面一人则举着死者生前所用长刀不停地挥舞。集体公用的火葬场为一开阔平地，拉祜族通常用鸡蛋卜地法选择具体火化的地点，有的地区不掩埋骨灰，有的地区把骨灰稍加掩埋或用石板垒坟。随葬品有死者生前所用的生产工具、炊具和食具，或随同火化，或置于坟前。葬具不同的地区有所不同，有的地区外加树皮、蕉叶；有的地区则用粗大树木做成圆木棺。每一村落都有公共墓地，挖土坑墓，墓主头向东方，一般不垒坟。因用鸡蛋卜地，故没有整齐规则的墓列。随葬品除贵重饰物入棺外，其余或火化，或置于墓顶，或另埋于墓则。无论火葬或

思茅是拉祜族人世代生活的地方

风俗习惯颇具特色

思茅冬日清晨的茶山

土葬，新丧后三天，家人要用蒿枝做筷子吃饭，整个村落停止生产一天，以示哀悼。

搓独格，拉祜语意为"墓地"，是拉祜族丧葬习俗。游猎时期的拉祜族，无丧葬活动，也无墓地。清康熙《楚雄心志卷》称："遇有死者不殓不葬，停尸而去。另择居焉。"18世纪逐渐定居以来，一些地方出现墓地。凡是行土葬的山寨，一般有一片公共山地为墓地。只要是属于正常死亡的寨内成员，不分宗族、信仰、辈分，都可葬在墓地里。墓穴，由"摩梭"（祭司）通过念咒、扔鸡蛋确定。选定墓穴后，即挖方坑，将棺材放入坑内，头朝西脚朝东。三日内亲属到墓穴敬祭之后，方可垒填。出殡时"摩梭"念咒祷告。途中还要抬着火盆及死者生前用物为其引路的。归返时，在途中搭棚或抱树技挡道，以免死灵再归来。

丢蛋择葬，这是拉祜族、景颇族的丧葬习俗。棺木的选择是用一个鸡蛋向一株选好的大树丢去，蛋破即砍倒树做准水，若蛋不破，就另选一树。入棺后棺材在家中停放一两天后即行安葬。葬时亲友寨人均来帮忙把棺材抬出，用一鸡蛋向地上丢去，蛋破则地选定，不破则另行再选。埋葬时，将棺材的头朝向西方，垒起坟堆，并在坟前放死者生前旧的物件，放三天后即取回。死者去世后的头三年，家人每年都要上坟一次，三年之后不再上坟。埋葬无人帮忙时，死者家属就在室内挖一土坑，将死者埋葬，然后放火烧毁房区另迁居他地。

棺木的选择与鸡蛋有关

搓司起格，拉祜族语意是"火葬地"。施行"火葬"习俗的拉祜族山寨或家族，寨外一般有一片山林为"火葬地"，视为神圣土地，树不能砍，山不能动，违者会受到神的惩罚。有的大林地内又分设火塘。

初秋的思茅

凡五族内的人死去，都送到火塘火葬。尸体抬到火葬点，按男八层女十层架好柴，中间放少许干柴引火。尸体面向下；伏在架好的柴地上，"摩梭"杀鸡看卦，同时，将死者生前衣物、用具等一起焚烬。未成年人、孕妇、产妇、非正常死亡者，不实行大悼。

拉祜族人民勤劳善良、崇尚礼仪。在长期的社会生产和生活中，逐渐形成了很多为人处事、规范社会生活的伦理道德观念和行为准则。维护了社会的安定和人与人之间互尊、友爱、和睦相处的良好氛围。

拉祜人崇尚为人坦诚正直、光明磊落，不说假话、虚话，不随意恶语伤人。"有酒

拉祜族

拉祜族的房屋四周栽满了茨藤

桌上喝，有话当面说"，这是他们一贯奉行
的信条。邻里、朋友之间偶有摩擦或误解，
事后互递一支草烟、喝一杯水酒，也就和好
如初。朋友之间因某事发生曲直之争，孰是
孰非，难以定夺的话，来个摔跤定"输赢"，
被摔倒者算无理，绝无二话可言。心胸狭窄、
自私自利的小人是不受欢迎的。拉祜人常说：
"太阳、月亮是最老的人最先看到的；粮食
谷米是最老的人最先栽种的；山花、野果是
最老的人第一个找到的；世上的事情最老的
人懂得最多。"因此，尊老、敬老、爱老是
拉祜人普遍的道德准则。无论哪家，老人的
床铺肯定设置在房屋里最暖和的火塘旁，饭
桌上的席位安排，老人也是居中的；晚辈不

风俗习惯颇具特色

能在老人坐卧的地方来回走动；老人讲话时，不能随便插话，更不能打断；每年新谷开镰前，第一个尝新的也一定是老人；新年初一背回的"新水"，也要先端给老人洗脸、洗脚。家庭内部如此，社会上也是一样。即便年轻的村寨头领，对老人也要礼让三分，否则，他就很难得到大家的信任和拥护。"一家有事，全寨相帮"也是拉祜族的传统习俗和精神风尚。无论日常生产、生活，还是盖房搭屋、婚丧嫁娶，时时处处都能体现出拉祜人这种淳朴、厚道、豪爽与热情的民风。

节日里盛装打扮的拉祜族姑娘

由于长期的游猎生活，拉祜族养成了团结互助的精神，也有尊敬老人的道德风尚。每到冬季，拉祜族寨子的男子都要集体狩猎，所得猎物平均分给寨中族人，并将最好的脊肉送给最年长的老人。拉祜族的大家庭多由若干个具有血缘关系的小户组成，一个大家庭常有六七个小户，甚至达二三十户。

拉祜族是个十分热情好客的民族。逢年过节，都要邀请周围傣、哈尼、布朗等族人民一道来饮酒会餐，吃团结饭。这时，全寨大宰牲畜，各户都要分一节大肠和几勺鲜血，伴以盐巴、辣椒，剁细生吃。拉祜族认为，"剁生肉"是待客的最好菜肴。欢宴毕，主人还要用芭蕉叶包"份子肉"分送客人带回。

"接新水"习俗

新年的第一天凌晨，各村的青年男女争先恐后奔往山泉边"接新水"。拉祜人认为，一年之始，泉水最新最纯，谁最先抢到新水，谁就是最幸福的人，按拉祜族的风俗，初一不准外人入寨，初二才能走亲访友，互相拜年贺喜。节日期间，姑娘和小伙子们吹响葫芦笙，跳起丰富多彩的民间舞蹈。晚上，看热闹的人们纷纷离去，山坡上升起了一堆堆

拉祜族人认为一年之始的泉水最甘甜

篝火。一对对青年情侣在一起谈情说爱，沉浸在幸福与欢乐之中。

取名方式

拉祜族妇女在接近分娩的月份，就不外出歇山和去远处劳动，一般待在家里做家务，其丈夫也只在附近劳动。分娩后，亲友便到产妇家帮忙，在火塘边用二至三块木板搭 25-35 度斜的床给产妇睡，让产妇吃胡椒面冲的开水，同时用一至两公斤重的石头烧热后，用湿布包起来压在产妇腹部，认为这样做后，产妇的肚子里的婴血就能扫除干净，以后产妇的肚子就不会痛了。若遇难产，要用扫帚倒放在产妇的背上。产妇生产后，胎盘要安埋在房内外，如果是女孩胎盘要埋在门内右边，如果是男孩则埋在门内左边。村里的人得知婴儿出生的消息，一般都带着鸡蛋来祝贺，由接生老人向人们报婴儿性别，然后给婴儿唱祝福词。如果是男孩，就说："婴儿快快长大成人，做你爸爸的好助手，开天辟地做生产……"如果是女孩，就说："婴儿快快长大成人，做你妈妈的好帮手，纺纱织布给老人穿……"产妇分娩后，要杀鸡，生男孩杀母鸡，生女孩杀未打鸣的小

生了孩子要杀鸡庆祝

公鸡。对此做法有两种说法：一种说法是第一胎生男孩用母鸡祭祀，第二胎就会生女孩，第一胎生女孩用公鸡祭祀，第二胎就会生男孩；另一种说法是生男孩时杀母鸡，男子长大后好找对象；生女孩杀公鸡，女孩长大也好找对象。若把鸡杀错了，孩子长大难找爱人，找到之后还可能离散。产妇坐月子期间，不满一轮十二天，不得干活走动。满轮后，根据产妇身体情况，可将 35 度斜坡床下到 10 度来睡。

拉祜族取名的方式也十分独特，婴儿生下第三天，爷爷奶奶或外公外婆就得给婴儿取名，取名有几种取法，男孩叫老大即扎儿，女孩叫老大即娜儿。人名均有两个音节，第

拉祜族的火塘用作蒸煮食物和取暖

拉祜族

一个音节表示性别，第二个音节是名字。拉祜族原无姓氏，明清后有李、钟、张、石、胡、铁、毕、马、刀、黄等姓。拉祜族多以出生时辰和十二属相取名，十二属从鼠到猪依次为发（鼠）、努（牛）、拉（虎）、妥（兔）、洛（龙）、斯（蛇）、姆（马）、若（羊）、莫（猴）、阿（鸡）、迫（狗）、娃（猪），性别用"扎"（男）和"娜"（女）区分，拉祜族语意"扎"为能干，"娜"为乖巧。属相与父母相同，取名时则以出生时辰为据。拉祜族一天分为五个时辰，天亮为"体"、日出为"朵"、中午为"善"、傍晚为"耶"、半夜为"克"，出生时辰依性别取名为扎朵、娜朵等。太

传统的拉祜族室内陈设

拉祜族的制茶工艺

传统的拉祜族男子服饰

阳升起时生的男孩叫扎朵，女的叫娜朵；天黑时生的，男孩叫扎柏，女的叫娜柏。有的根据出生的时辰取名，也有的根据婴儿生日的属相取名，生日是属马日，男孩叫扎母，女孩叫娜母……；长子、长女称"儿"，最小的称"列"；属相和出生时间、性别相同则按大、中、小来区别，取名便为大扎拉、中扎拉、小扎拉；有的根据婴儿出生时身体强弱情况取名，若婴儿身体比较弱小，为了使他强壮起来，给男孩取名扎海，女的取名娜海，生得瘦小的取名扎给、娜给。婴儿的名字若与哥哥姐姐或老人的冲突，就得重新取名。

拉祜人还可以按家里孩子的排行来取

大山里的拉祜族居民

名，还有的用父子、母子、夫妻联名的形式取名。这种联名方式不是拉祜族的正式名字，而是便于区别有相同名字的人的一种称谓。因为，拉祜族大部分都是采用出生日属相和出生时辰取名，一个山寨里同名的现象比较普遍。为了区分相同名字中不同的人，采取了父子、母子和夫妻联名的方式（相当于拉祜人的别名），这种称呼一般是旁人使用或是登记名册时便于区别同名的人而使用。

1.如"扎努"的父亲是"扎发"，母亲是"娜斯"，用联名方式称为"娜斯扎发亚巴（儿子）扎努"。（扎发和娜斯的儿子扎努，联名时采用母前父后的排列。）

2. 如"娜袜"的父亲是"扎俫"，母亲是"娜迫"，用联名的方式称为"娜迫扎俫亚咪（女儿）娜袜"。（扎俫和娜迫的女儿娜袜）。

3. 如是丈夫和妻子联名，就是把丈夫和妻子的名连一起，再后面加上"颇"（丈夫）或者"咪"（老婆）即可。

后来随着社会的发展，拉祜族受汉文化的影响，各氏族部落的头人（首领）开始使用汉族的大姓张、李、罗、王等。部落的人也以首领的姓为姓，拉祜族逐步有了姓氏。刚开始，拉祜族一般使用汉族的大姓，后来，又发展到使用小的姓氏。

深山中的拉祜族村寨

风俗习惯颇具特色

拉祜族人有很多命名寨子的方法

掩映在树林里的拉祜族村寨

寨子命名

拉祜族关于寨子的命名有多种方法：

1.以最初建寨子的人的名字命名。不管这个人是什么样的地位，也不管他是否健在，只要他是第一个建寨子的人，寨子就用这人的名字命名，永不改变。

2.以头人的名字命名。拉祜族山寨一般都有头人，有的寨子就用头人的名字为寨子命名。

3.以地形、山形和植物来命名。如果当地有岩石或是有竹林，寨子的名字就叫"石头寨"、"竹林寨"等。

4.以动物的名字来命名。如"猴子洞寨"、"老鼠寨"等。

5.沿用傣族的原寨子名称。有的地方，拉祜族和傣族是杂居的，有的寨子原来是傣族居住，后来又变成是拉祜族居住，碰到这种情况，拉祜族一般会沿用傣族原来的寨子名字。如"班利寨"、"赛罕寨"等。

6、移植旧寨子名称。拉祜族从一个地方迁到另一个地方的时候，会把原来的寨子名移植到新的寨子，这样就会形成多个地方有相同的寨子名。

三 礼仪禁忌种类繁多

云南思茅茶山

拉祜族，主要聚居于云南省南部澜沧江流域的普洱、临沧两个地区。人口虽少但也有其独特的禁忌。

宗教信仰禁忌

送火神鬼的晚上，忌外人进村寨；送房子鬼时，忌客人在家借宿。平日客人借宿，禁止走近神龛或在神龛前睡觉，禁止触弄神龛上的东西或将物品放于神龛上。寨子西面挂一对篾箩，忌外人用手触摸，尤忌放物于内。路遇叫魂和叫谷魂（叫魂时间不定，叫谷魂为农历六月二十四和九、十月间谷子收割完之日）者，忌与之说话。

饮食禁忌

忌食狗肉，亦忌杀狗。清晨或吃饭前忌弹弦琴，吹口哨。信仰大乘佛教的拉祜族在婚宴或其他喜宴上，忌见血，忌食血，否则认为不吉。

其他禁忌

在神龛前睡觉时应头朝向神龛。忌夫妻宾客借宿时同住一屋。忌在门槛上砍东西。忌妇女上楼或爬到牛圈上。火塘是拉祜族家庭的核心，拉祜族视火塘和神龛一样神圣，不得对着火塘吐口水，火塘的上方不能坐人，不能跨越火塘，不得踩踏火塘上的三脚架和

拉祜族主要聚居在云南地区

锅庄石。常以鸡肉稀粥待客，但忌用白鸡，以白鸡煮稀饭待客，意为与客绝交。订婚聘礼忌无茶，俗语云："没有茶就不能算结婚。"产妇分娩后三日内忌出门，亦忌外人入其室。贸然闯入者，必须接受主人家的请求，认婴儿为干儿子或干女儿，给婴儿取一个吉祥如意的名字，做婴儿的干爹、干妈，并按礼节送点钱物给孩子做纪

澜沧拉祜族自治县种植业十分发达

念。忌公鸡向西打鸣，认为西边是阴曹地府而忌之。犯忌之鸡，立即宰杀，以免不祥。拉祜族人家的卧室，外人不得擅自入内。拉祜族以敬老为荣，每年大年初一抢到的新水，要先后给老人洗脸。吃饭时，第一碗要先盛给老人；敬酒敬茶时，要先敬给年岁最长者。此外，拉祜族不准在树下大小便。

拉祜族

四　万物有灵虔诚信仰

拉祜族人大多信奉大乘佛教

拉祜族的宗教信仰有原始宗教、大乘佛教、基督教和天主教。其中，原始宗教在拉祜族的信仰体系中占主导地位。

（一）万物有灵论

拉祜族认为，世间万物均有灵魂，而灵魂大体可分为两类，一类是保护人的，一类是害人的。由于拉祜族尚未形成"鬼""神"区分的观念，因而不管是佑人的神还是害人的鬼都可混称。例如，寨神亦叫寨鬼，家神又叫做家堂鬼等等。在拉祜族的鬼神观念中，除了自然物和自然现象鬼外，还有诸多反映社会现象的鬼，如头痛鬼、肚痛鬼、冤死鬼及傣族的"娃哈尼""琵琶尼"等。在众多的鬼神中，天神厄莎被认为最大的神，世界万物都是它创造的。然而，正如"鬼""神"区分的观念尚未形成一样，厄莎虽是最高神灵，其他鬼神对它并没有明确的隶属关系。基于万物有灵的思想，拉祜族把一切自然灾害和人生的祝福疾病都看作是鬼神的意志，为了祈福消灾，生产生活中的产生了对鬼神的祭祀活动。

（二）图腾崇拜葫芦

在拉祜族民间广泛流传着葫芦孕育人种

拉祜族图腾

和人类源自葫芦的传说。至今仍将葫芦视为吉祥、神圣之物，人们喜将葫芦籽缝在小孩的衣领或帕子上，而妇女的服装及围巾、包头上也多有彩线绣制的葫芦和葫芦花图案，拉祜族认为穿了这种服装魔鬼便无法近身，孩子能健康成长，妇女能终年平安。在拉祜族看来，如果姑娘的胸部、腹部和臀部外形与葫芦相似，那么，不仅姑娘健康美丽，将来还会多子多女。情人们相互赠送的信物上也绣有葫芦花和葫芦的图案，以此象征爱情的纯洁与神圣。

（三）巫师"魔巴"

拉祜族巫师称为"魔巴"。魔巴主持各种原始宗教仪式，为人驱鬼、治病、合婚、

拉祜族信奉万物有灵的原始宗教

图腾崇拜——葫芦

万物有灵虔诚信仰

抽签占卜是一种精神寄托
拉祜族人认为万物有灵

安灵。魔巴主要由男性担任，也有极少数女魔巴，可世袭，但大多数是跟着老魔巴慢慢学会的。魔巴不脱离生产，没有法衣法器，靠占卜、念咒语和杀牲来驱鬼祭神。其占卜种类有鸡骨卜、羊肝卜、草卜等，经占卜确认鬼的种类及杀牲的大小、数量和时间。魔巴除占卜、念经外，还兼行草医，并熟知本民族的历史文化，在社会上有一定威望。

（四）大乘佛教

拉祜族地区的大乘佛教是清初由大理白族僧侣传入的。佛教在拉祜族地区传播期间，汉族的天文历法、医药学、农业生产技术及父系意识等也相继传入拉祜族地区，对拉祜族经济文化的发展起到了积极作用。

五 节日庆典欢乐祥和

新稻米

吾司扎：

吾司扎是拉祜族人民祈求年年丰收、六畜兴旺的传统节日。"吾司扎"是拉祜族语音译，意为"尝新米"或"新米节"，流行于云南省拉祜族地区。新米节包括吃新稻米和新玉米两种，由于成熟季节不同，所以节期也不同。吃新稻米在每年农历八月，"赎玉米节"在每年农历六月，具体日子，就要看各地庄稼成熟的具体时间了。各个村寨的情况也不同，有的是全村寨集体过节，有的是谁家谷子先熟，谁家先过，亲友乡邻来祝贺。节前，先割一小部分新谷，挂几穗于门口，然后舂米做饭祭祖。节日里各家至寺庙洒新水，给神灵献新米饭，尔后祭家神"页尼"。

节日第二天中午全寨一起吃团结饭，寨老向全体乡亲祝福。有些地方过节时要专门宴请亲友来吃新米，饭前由男主人先给狗一碗饭，然后由女主人为客人斟酒，并推举一位德高望重的老人致祝酒词。大家在席间互祝家家丰收、兴旺。饭后在寨中晒场或一个大院子里吹笙，载歌载舞，全寨人都要来参加。男女青年还可以在歌舞中寻觅伴侣，老人们在竹楼上饮酒、吸烟、叙家常、看歌舞。有时欢庆活动要通宵达旦。关于节日的来历，有不少传说，其中一个传说讲：拉祜人在远古时代不知道怎样种庄稼，靠狩猎与采集为生，生活很困苦。天神厄霞同情拉祜人的艰难，教会了他们种稻谷和玉米。后来拉祜人为了感谢天神的恩典，所以在每年新米成熟的日子都要过新米节，并给天神厄霞先敬一碗新米饭，祈求他保佑年年丰收、人畜两旺。

拉祜族人喜爱歌舞

库扎节

库扎节是农历每年腊月至翌年正月间择日。"库扎"是拉祜语音译，有些地方称"扣扎""扣扣"，意思都是"过年"。此节流行于云南省拉祜族地区。节期一般持续四五天。各地节俗也略有差别。在云

南西南山区的拉祜族，节日清早于寨外鸣放
排枪，全寨人闻声出去，敲着铓锣与象脚鼓，
载歌载舞，集于寨门前，欢迎亲人回家过年。
亲友们提着节日礼品到寨门时，由"安占"（负
责宗教活动的人）的妻子和寨老向客人敬酒、
撒米、祝福。进寨后要先到"安占"家叩拜，
尔后歌舞狂欢，方可回家。早饭后，各家带
火枪、祭品、食物，集合于寺庙前平坝上，
先朝山谷不断放枪，而后撒米绕寺，再入寺
隆重祭祀。仪式毕，大家开始做游戏，打陀螺、
打秋千。晚上，全寨汇集在广场上，通宵歌舞。
三天后全寨人各自带酒饭肉食，集中吃过年
宴。分两队上火塘，男右女左，宴席上主持

象脚鼓

拉祜族

拉祜族的节日庆典活动十分热闹

人要致贺年词，祝福人寿年丰、六畜兴旺，大家还要讨论村寨中的公共事务。有些地方是节日前一天请相邻村寨的各族亲友来寨中欢宴，并互赠食品。第二天下午便鸣枪通知送外族人出寨。同时开始"戒严"，不许外寨人再进寨，以防节日酒醉失窃。若有人闯入村寨，就得暂时留在临时"客房"中，每日酒肉招待。过完年才可以出寨。

扩塔节

扩塔节是拉祜族盛大的传统节日。"扩塔"是拉祜语音译，意为春节。节期在农历除夕至翌年正月十五。流行于云南南部拉祜族地区。过节的准备工作，最早可从秋收后

节日庆典欢乐祥和

节日里身着盛装的拉祜族姑娘

算起。妇女准备全家人，尤其是孩子的新衣，男人去猎获野物，青年男女制芦笙、口弦、荷包，孩子们做陀螺。除夕前，家里内外都要打扫干净，熏烤猪肉，在寨内种植青松，松树上挂芭蕉等祭品以祀天地神灵。除夕夜家庭主妇要把新做的粑粑放在农具上表示慰劳它们一年的辛苦，然后吃团圆饭，过去是全寨在一起吃团圆饭。吃饭时各家得给牲畜喂些年饭。午夜鸣枪放炮，辞旧迎新。"抢新水"和"芦笙舞会"，是拉祜族春节期间最重要而独特的节日活动。"抢新水"是指新年第一天，即正月初一清晨抢先到山泉边去接取"新水"。这是拉祜人认为极为重要

古老的拉祜族房屋

拉祜族少女

节日庆典欢乐祥和

拉祜族火把节

拉祜族的火把节也别具民族风情

拉祜族

火把节时火把齐燃，蔚为壮观

的新年头等大事。他们认为，新水是最圣洁的，是吉祥和幸福的象征。谁先接到新水，谁家的谷物、瓜果就会先熟，谁家就更有福气。因此，每年正月初一凌晨，听到雄鸡的报晓声，各家的代表便背起盛水的竹筒和葫芦，迅速奔向泉边，抢接新水。新水到家后先赊祖，接着全家沐浴，体弱年老者要以新水洗脸，老年人要为晚辈唱祝福歌。初一早饭后家长去给寨老拜年，送粑粑，奔走各家相互拜贺新年。寨内场坝上青少年跳芦笙舞、唱歌、丢荷包、打陀螺。初一的时候外寨人不得进寨，初二才可以出寨走亲访友。晚辈小孩去给长辈老人拜年时，老人要在他们手

拉祜族人欢聚一堂载歌载舞

腕上拴上红绳，表示祝福。初八至初十一期间，要过两三天"小年"，这是专门为男人过的节日。大年称女年，小年称男年。小年的食品之丰盛以及娱乐欢庆的气氛，都不亚于女年，而且还有集体跳"取神种"的活动。正月十三至正月十五是节庆的最后阶段，主要活动也是歌舞娱乐。整个年节中，在没有活动的时间里，大家照样可以从事劳动生产活动。关于过两次新年习俗的形成，有传说认为是古代拉祜人常常遭受外族人的侵扰。为了狠狠打击敌人，保卫自己的家园，男人们都要离乡远征作战。当他们凯旋归来时，年已过完。但为了庆祝胜利和全家团圆，人们载歌载舞，又重新过了一

次年，并从此相沿成习，传承至今。

苦聪年

清光绪年间《普洱府志》载："苦聪人
以六月二十四日为年，十二月二十四日为岁
首，至期烹羊豚祀先，醉饱歌舞。"苦聪年
是拉祜族民间传统节日，节期在农历每年六
月二十四日。流行于云南省拉祜族支系苦聪
人生活地区。节日清晨，苦聪人各家要到田
头垒石为"梯"，铺以松毛，杀鸡淋血于其
上，以祭田谷，而后掐些成熟的谷穗，掰几
个青玉米棒，连同鸡一起带回家。到了夜晚，
再杀一只鸡，取三只翅膀，加上新穗、米酒，
供于谷仓案上，以祭谷神，祈求丰收。祭毕，

拉祜族舞蹈

画眉鸟

众人举火把，载歌载舞，游走于田埂间，并将干松毛撒向火把，有焚烧恶灾，驱邪迎吉之意。各村寨在节日里多有祭祖与歌舞庆祝活动。

卡腊节

农历每年正月初三是拉祜族民间祭祀节日。"卡腊"是传说中的农业始祖。流行于云南省南部拉祜族支系苦聪人生活地区。传说卡腊上山打猎时，发现画眉鸟在啄食一些彩色籽粒，于是捡回来种植。黄色的变成了旱稻、玉米，紫红色变的是高粱，黑色的变成了荞麦。收获后，卡腊请乡亲们尝新，而后又把种子分送给大家。从此，苦聪人的生活便有了大大的改善，不像以前那样，饥饱难测。正月初三是卡腊去世的日子，他去世后，人们把他当做神来纪念供奉。节日傍晚以当天的猎获物、腊肉、蔬菜及糯米饭作供品，寨里的头人主持祭祀。祭奠的地点在寨中一棵大栗树下，人们把它当作卡腊的化身。男人以年龄大小排在前面，每人捧一竹筒酒；女人排在男人后面，静默肃立。当主祭人宣布吹牛解里，男人们将酒举过头顶，然后躬身一饮而尽。随后像宣誓一样，跟着寨老齐声颂扬卡腊的功德。赞毕，由身体健壮、儿孙俱全的老人给孩子们拴线祝福，给男孩左

竹筒酒

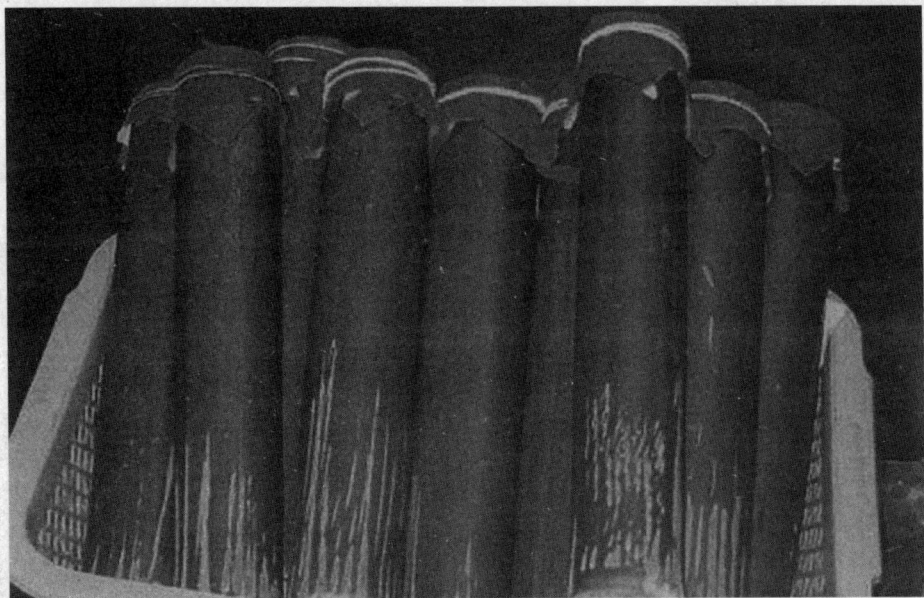

节日庆典欢乐祥和

拉祜族节日场面

手腕系上红线，给女孩右手碗拴以绿线，意在避病祛邪，免祸防灾，好让他们健康成长、岁岁平安。

火把节

火把节是拉祜族、彝族、白族、傈僳族、纳西族、哈尼族、佤族、布朗族、普米族等兄弟民族祈求人畜平安、五谷丰登的民间传统节日。流行于四川、云南、贵州和广西等省区大部分少数民族地区。于每年六月二十四五日举行。除佤族、布朗族、普米族外，其他六个过火把节的民族，其语言都属汉藏

拉祜族人在过火把节时载歌载舞，尽情欢歌

语系藏缅语族彝语支。节期除黔西彝族于农
历每年六月六日开始外，其余各族的火把节，
均于六月二十四五日开始，连续过三至七天，
最多长达半个月之久。节日活动的内容，各
地不同，基本相同的地方有以下几点：一是
节前准备各种松明火把，有的高达十米多，
于节日夜间点燃，举火把走寨串户绕田角，
敲锣打鼓奏乐并歌舞呐喊，意在驱邪杀虫祈
求丰年。二是祭祀活动，有的宰牛宰羊，有
的杀猪杀鸡，祭田公地母等神，以求人畜两
旺、五谷丰登。三是篝火晚会，跳火堆，跳

舞对歌，觅友择偶；举行群众性的赛马、赛歌、斗牛、摔跤、射箭、拔河、荡秋千等文体活动和地区性的物资交流与集市贸易。

哈巴节

拉祜族民间传统祭月节日。时间为农历每年八月十五日。"哈巴"是拉祜语音译，意为月亮、圆月，所以可以意译为"月亮节"或"月圆节"。流行于云南省拉祜族地区。拉祜族认为，是月亮以其圆缺为人们显示了农时，为了感谢月亮神，就应该择日祭供，而秋收时节，天高气爽，明月如水，是最好的时候。八月十五日祭月的地点在祭山神处，

芦笙

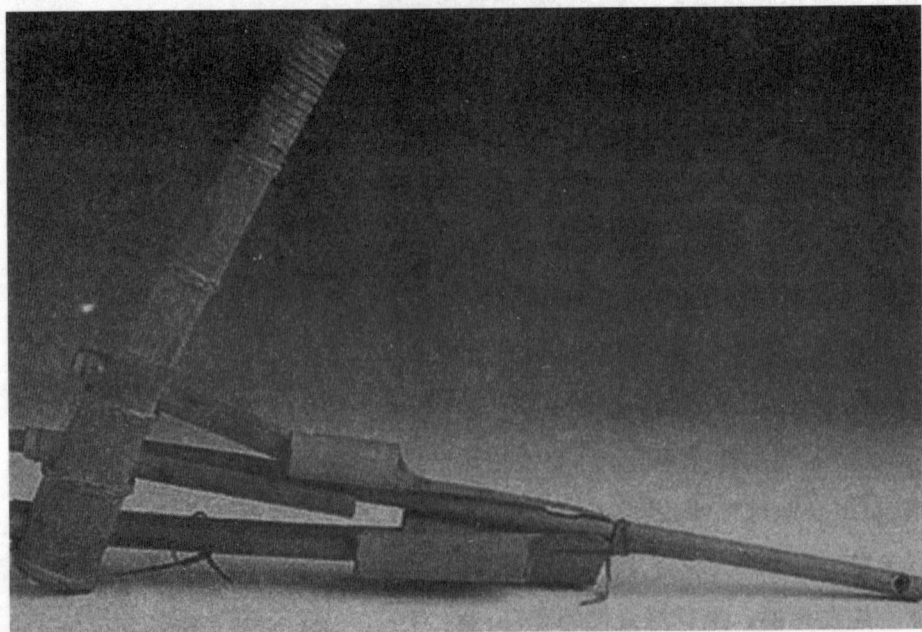

拉祜族

以谷穗、南瓜、水果等农产品作祭品，放在供案上。祭毕，全寨歌舞欢庆五谷丰登。一些信仰佛教的拉祜族地区，人们还要到村寨里的佛房中祭月，由佛爷来主持，在一幅画有明月的大白布前设供焚香念经。祭毕，亦是全寨尽情歌舞，而且还有赛歌活动，优胜者被称为歌手，未婚歌手找对象是很容易的。

祭太阳神节

澜沧县拉祜族太阳神庙，建在背东向西的山坡上，除了在头顶上留着智慧之辫的祭司能进去之外，任何人严禁入内。祭太阳神在立夏之日，拉祜人说，这是一年中太阳赐光最多的一天。凌晨，妇女们手持竹箩，内装爆米花，围着寨心桩边跳边撒，敬献神灵，祈祷年丰。跳完，男人们敲着锣鼓，手持长刀，列队向山坡行进，先到太阳神庙下方的祖庙里烧香磕头祭祀祖灵，然后到太阳神庙，举行祭祀。祭司念咒，人们边唱歌，边撒爆米花。此时太阳偏西，阳光直射神庙，金色的阳光、雪白的米花映衬着人们肃穆的面孔。直到祭司念完咒语，人们把爆米花全部撒完，太阳落山，整个仪式才宣告结束。

葫芦节

每年农历的十月初十，是拉祜族人民的

扩塔节是拉祜族民间最隆重、最热闹、最欢乐的传统节日之一

"葫芦节"，拉祜语称为"阿朋阿龙尼"。每年的这一天拉祜族人民，穿着鲜艳的民族服饰，载歌载舞，带着自酿的美酒与糯米做的粑粑，杀猪宰鸡，集合在每个村子的广场上，开始一年一度的庆祝活动。年轻人、老人们吹着芦笙，姑娘们跳着欢快的集体舞，舞蹈尽情的表现了人们从最开始的犁地、撒种开始，一直到最后丰收的喜悦。感谢上天赐予的阳光和雨水，感谢风调雨顺，无病无灾的美好年景。入夜，燃起篝火，伴随着悠扬的音乐，低沉的木鼓，老人们诉说着自己

拉祜族人过葫芦节时的热闹场面

各种各样的葫芦制品

一生的遭遇，从母亲辛苦的生育，艰难的成长历程，直至成亲，离开父母，养育自己的子女，到青春不再，满目沧桑，一个个哀怨、凄美的故事随着老人的歌声，在月色中缓缓道出。在这如水的月色之下聆听着这嘶哑的声音，火光跳跃，木鼓声声，仿佛生命之河正在身边慢慢流走，而那一去不返的青春年华，也好像又开始在这月色下流淌、环绕。就这样，在以后的三天三夜中，拉祜族人民不停的跳着、唱着。

拉祜族集市

渴了，停下来喝口米酒，饿了，吃一口粑粑，再接着跳、接着唱，累了、困了就休息一下，别的人再继续，用他们或悠扬，或嘶哑的声音歌唱着生命的欢乐与哀愁，用他们或年轻，或衰老的身体表达着对"葫芦"这种带给他们生命的圣灵的感激与敬意，无论一生中是否经历许多的苦难，"生命"都是永远值得感谢的。

六　服饰艳丽美感无限

娴静的拉祜族女孩身着传统服饰，更显美丽大方

拉祜族多数聚居于中国南部云南各县。拉祜族早期过着游牧生活，追逐水草茂盛的草原，由北向南迁徙定居于澜沧江流域。其服饰反映了本民族早期的游牧文化，也体现了近代的农耕风格。居住在西双版纳地区的拉祜族，有拉祜纳、拉祜西之分。拉祜纳也称黑拉祜。过去男女均剃光头，但未婚女子不剃，婚后妇女要在头顶留一绺头发，曰："魂毛"，以示男女之别。现在多数青年女子已蓄发梳辫，偏远山区的拉祜族妇女仍保留剃发的习俗。她们认为剃光头卫生、舒适，又是妇女美的标志。少女的头帕有多种裹法，头帕两端饰有彩色丝穗，垂于腰际。

拉祜族的妇女服饰各地不尽相同

拉祜族

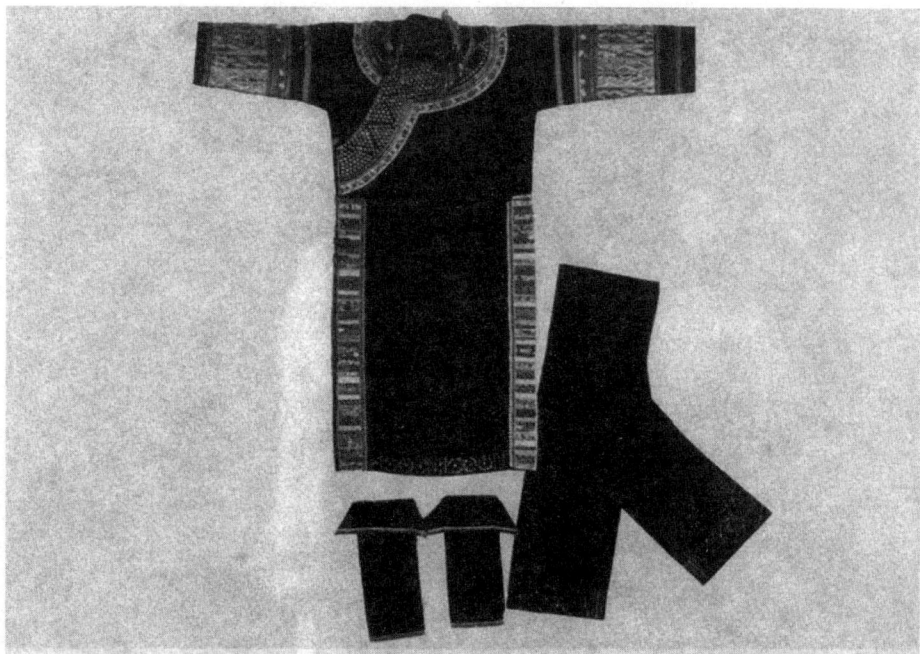

拉祜族人喜欢黑色的服饰

　　拉祜族喜欢黑色，服装大都以黑布衬底，用彩线和色布缀上各种花边图案，再嵌上洁白的银袍，使整个色彩既深沉而又对比鲜明，给人以无限的美感。男女都戴黑红相间的瓜皮圆帽；也有的男子缠黑色头巾，女子顶花格方巾。戴瓜皮圆帽的拉祜纳，童帽上常用银泡、彩穗镶于帽檐作饰。成年男子多穿黑布缝制的无领右开襟上衣，下着宽腰、阔裆、肥管裤子，裤管略短，给人以宽松肥大之感。上衣或镶银泡于边沿作饰，或以银泡、银币、铜币作为纽扣。喜欢佩刀，系腰带，脚穿布鞋，

云南西双版纳地区拉祜族妇女

头戴包头。长袍两侧有较高的开衩，领口衣襟等处用深色布条镶边，包头用白红黑等各色布条交织缠成。拉祜族妇女服饰在彝语支各族中是独特的，具有青藏高原妇女服装的特点。妇女喜欢裹一丈多长的头巾，末端长长地垂及腰际。穿开衩很高的长袍，右襟、衣领周围和盆子两边，都镶有彩色几何纹的布块或布条，沿衣领及开襟处，还嵌上许多雪亮而整齐的银泡，内穿花格长筒裙，格内缀有素美雅观的彩色图案。平时多赤足。成年女子衣服开衩高至腰际、袍沿及脚的长衫。圆形领口、袖口及衣襟边沿，或镶彩色布条、或绣几何图案，显得美观、多彩。青年女子喜戴银质项圈或细省藤（藤篾）制作的圆圈以及金属手镯、耳环等饰品。有的妇女，还用黑布裹腿。拉祜纳支系妇女的衣着，较为完整地保留了拉祜先民古时的服饰特点。

拉祜西也称黄拉祜。拉祜语中的"西"不仅指金黄之色，并含混杂之义。这个支系因多与汉、彝等民族交错而居，受其他民族的影响较多，服饰与拉祜纳有较大差异。男子上身穿对襟短衫，下穿宽裤脚肥

拉祜族帽饰

服饰艳丽美感无限

大的长裤，戴黑布帽或裹黑色包头。成年男子多穿黑色、青色或蓝色的对襟布扣窄袖上衣，着宽腰、肥管长裤，裤腰在腹前打折系于腰间。头缠黑布头巾，喜背背袋、佩长刀、扛猎枪、握弓管，一副猎人装束。拉祜西妇女头裹黑色或彩色头巾，身穿无领对襟或斜襟短衣，胸前、衣领、袖口周围都镶有彩色几何纹的布块或布条，沿衣领及开襟处，还嵌上许多整齐雪亮的银泡，下穿花格长筒裙，格内饰以彩色图案。妇女蓄长发盘于头顶，喜用一丈多长的黑布头巾裹头，头巾两端缀有彩色长缨。身穿无领左衽长衣，衣长仅及膝盖，不像拉祜纳女衣般长及脚背。下着阔

拉祜族特色服饰

拉祜族

一些拉祜族服饰较多地保留了北方民族袍服的特点

腰长裤，在腹前将裤腰打折系于腰际，上衣袖口、领口和衣襟边沿均用彩色布条镶边，显得美观大方。腰际系有一块有两条飘带作饰的围腰，使三围曲线分明。

拉祜族男女均爱背挎包，挎包面料由妇女精心绣制，图案美观、做工精细。妇女背挎包，不仅是为了便于盛装物品，还用于炫耀自己纺织和刺绣手艺的精湛。拉祜族配饰相当别致，妇女耳戴银环，胸挂"普巴"。男子则佩带葫芦、火枪。

由于民族间的相互交往不断密切，相互间的影响不断扩大，加之生活水平不断提高，拉祜西的服装已出现汉装化趋势。青年一代仅在节庆期间穿传统服装，平时

服饰艳丽美感无限

拉祜族村寨

男子多穿中山装，女子多穿在商店选购的衣裙。青年人对服装式样的追求已趋于多样化。拉祜纳支系男女的衣着，较为完整地保留了拉祜先民古时的服饰特点。一些地区的拉祜纳妇女则出现穿傣族服装或布朗族服装的现象。

拉祜族

七　竹林深处大房共居

拉祜族木制房屋

　　拉祜族住所，多依山而建盖在幽竹丛林深处，树林繁茂的山头或山腰上。建筑上大致分为两类：一类是落地式的茅屋，一类是桩上竹楼。有方形及椭圆形两种。茅屋结构简单，搭建容易。建造时，先在地基上立几根带权的柱子，权上放梁，梁上放椽子，椽子上铺盖茅草。柱子四周用竹笆或木板围栅作墙即成，颇具"构木为巢"的古风。干栏式竹楼房是在木桩之上搭建而成的双斜面竹楼。有大小之分。大型竹楼为母系大家庭居住，小型竹楼为个体小家庭居住。两种竹楼结构基本相同，只是大型的更长、占地面积更大而已，因此，通常也称"长房"。长房一般高约六七米，面积八九十平方米至二三百平方米不等，呈长方形。

　　屋内陈设简单，起居饮食都在一处。围火塘而眠，许多贫苦农民无被盖，垫竹篱，盖蓑衣，烧火取暖。与汉族、彝族杂居或毗邻而居的拉祜族，通常采用土掌房或竹木结构的低矮草房，建于向阳的平坡上，贫户一般不开窗，不分间，一家数代分床同宿，床临火塘四周，以便夜寒取暖，居室十分简易。大房子为竹木结构，一般长18至20米，宽8至14米，内分成若干间，供个体家庭居住，多的能达到一百三十余人，居室外设有各户火塘。

拉祜语中的"底页"，意为一个大家，实际上是一个以血缘关系为纽带组成的共同生产劳动、共同消费的大家庭公社。拉祜纳聚居的自然村内的住房，多是占地近百平方米的大长房。大家庭公社成员共居在一个大长房，是一楼一底的"干栏"式竹楼，以栗木为柱，圆木为房梁，苦竹做椽，茅草盖顶，竹笆隔墙。大长房呈长方形，高七八米，面积几十平方米或百余平方米不等。大长房的楼室距地约 1.5 米左右，四周围有栅栏，用于关猪、鸡，和堆放杂物、

一些拉祜族建筑为干栏式竹楼

竹林深处大房共居

柴火。楼门有开在长房两端的，有开在长房向阳一侧正中间的，门前搭架着可供两人并排上下的宽木梯。楼室内不开窗户，有的是中间设一条走廊，两则是用竹篱隔成小间的居室，居室门口是火塘。有的大房的楼室分为左右两半，一侧是居室，一侧是火塘。大房子的两端各搭有一个宽大的阳台。大房子内的居室按小家庭"底谷"分配，一个小家庭居住一间，占有一个木框中填土铺成的火塘，火塘上安有三块锅桩石，摆有一口土锅（砂锅）。每个称为"底谷"的小家庭，都自己生火做饭，分户用餐。大长房附近或村寨

拉祜族民居建筑——落地式茅屋

干栏式竹楼

竹林深处大房共居

拉祜族民居建筑

云南澜沧老迈寨

边沿，建有一个供"底页"大家庭共同的仓库，装有共同劳动收获的粮食。仓内粮食，有按户分格保管的，有不分格保管的，由家族长"页协帕"按需要分配。另有收入的小家庭，往往还另建有自己的小仓库。这种大家庭成员共同居住的大房子，主要供家族成员农闲时或举行节庆活动时居住。从事生产活动的时候，各个"底页"小家庭便分散居住在自己负责耕种的田地边，大家庭成员时集时散，其住房也分为大家共居的大房和各户分居的地棚，形成了一种特殊的居住习惯。

八 民间文化精彩纷呈

拉祜族人物剪纸

拉祜族喜爱歌舞。音乐舞蹈都有本民族独特的风格和浓厚的生活气息。歌曲、乐曲和舞曲的调子很多，但都是单音唱，节奏多数是复拍子。拉祜族音乐可分为民间歌曲和器乐两大类。

拉祜族民歌有情歌、习俗歌、家曲、山曲和排曲等，其中情歌、习俗歌颇具特色。情歌中最有民族特点的是《换花调》《问路歌》《搭桥歌》和《追蜂子》。《换花调》用鲜花比喻爱情，用赞花、换花、护花来象征对爱情的忠贞。习俗歌中有大量的《祭祀歌》，祭歌中最有特点的是《叫魂歌》。《叫魂歌》常常按时序述说一年的生产过程，召唤魂魄去播种收获；也有以节日的欢乐召唤魂魄归家团圆的；还有叙述拉祜祖先起源和迁徙历史，召唤魂魄不忘祖先回到人间的，其歌词多用比喻，形象生动。

1. 山歌

拉祜语称"嘎阔"，原意为唱歌。因为多在山野间唱，也常译为山歌。山歌的内容广泛，有爱情、劳动、赞美家乡、歌唱新生活等。山歌的节奏较自由，多为单句体结构，根据歌词的不同而有所变化，曲调高亢悠扬，时而出现八度及四五度的跳进，形成了拉祜

云南西双版纳风光

族音乐独特的结尾。例如：想念歌拉祜语称"法达阔"，属于情歌一类，青年男女常以想念歌表达爱慕之情，或歌唱情人的美丽勤劳。多为独唱或对唱。

2. 古歌

拉祜语称"咕阔嘎阔"，节日喜庆中，多由长者演唱，借以传授习俗和农业生产知识，追忆本民族的历史，演唱民间传说故事。古歌的音域较窄，多在八度以内，音乐结构为一个乐句的变化重复，旋律与想念歌、山歌有联系。

3. 儿歌和催眠歌

拉祜语称"亚哀嘎阔"和"亚诺阔"。

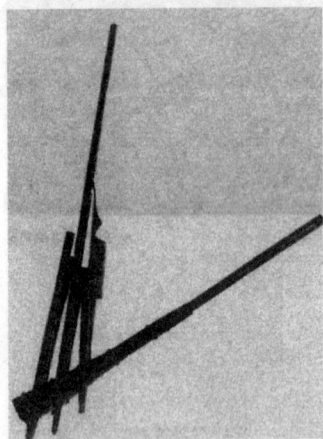

传统乐器——芦笙

前者旋律流畅，常作三五度的跳进，类型和节奏颇有特色。后者由妇女为孩子演唱，旋律婉转，节奏细致。此外有多种习俗歌，如节日喜庆中唱的酒歌、祝福歌以及摩巴（巫师）为病人唱的叫魂歌、送鬼歌等。

传统乐器主要有芦笙、列嘎杜、响篾、

云南西盟龙潭风光

小三弦、象脚鼓、镲等。芦笙在拉祜族群众中十分普及，几乎所有的成年男子都会吹奏。逢年过节，拉祜族村寨到处都可听到优美动听的芦丝曲调。芦笙曲以舞曲为多，如"跳笙调""过山调""串门调""舂盐调""撒种调""犁地调""催眠调"等。

云南西盟朝霞

列嘎杜曲有"山歌调""想念歌""催眠曲"和"舞曲"等。响篾多为姑娘弹奏，曲调有"情歌调""铃铛调""树枝调"等。舞蹈形式的特点是用脚踏动作，左面单摆。传统舞蹈有芦笙舞，样式繁多，可达三四十种。多是动物生态的模拟和美化，如"斑鸠拣谷子"，表演形象，逼真生动。

小三弦，是拉祜族人的弹拨弦鸣乐器。因拉祜人最为喜爱而得名，流行于云南省思茅地区澜沧拉祜族自治县和临沧地区沧源佤族自治县等地。在澜沧的拉祜族村寨里，流传着这样一个故事：传说很久以前，天宫的桃花仙子为了消

拉祜族民居

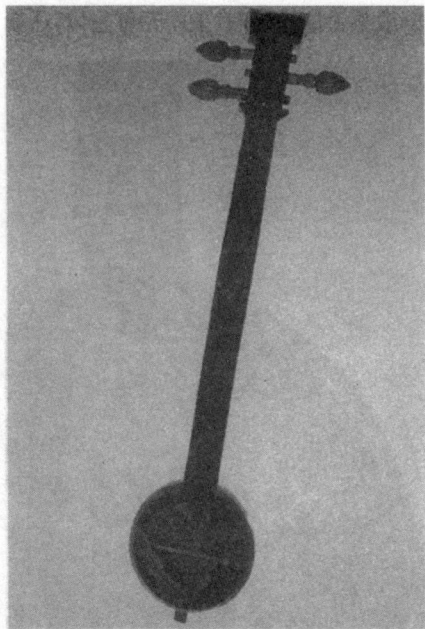
拉祜族乐器——小三弦

民间文化精彩纷呈

愁解闷，送了一把弦子要拉祜人弹奏。三弦拉祜语称滴，原来只有一条弦，音响较单调，后来改作两弦，音色还是不好，最后才成为现在的三弦。旧社会，拉祜人不堪忍受土司头人的压迫，经常起来反抗。有个起义首领叫李金保，是位有名的三弦手，起义失败后被俘，在要杀他的头天晚上，官家同意了他再弹一次三弦的请求。李金保悲愤地弹了一夜，鸡叫头遍时琴声戛然而止，他准备着去慷慨就义。可是官家太太、小姐们在通宵听琴，她们正听得如痴如醉，琴声戛然中断，她们余兴未尽，还想继续听下去，便要求免

蛇皮制作的小三弦

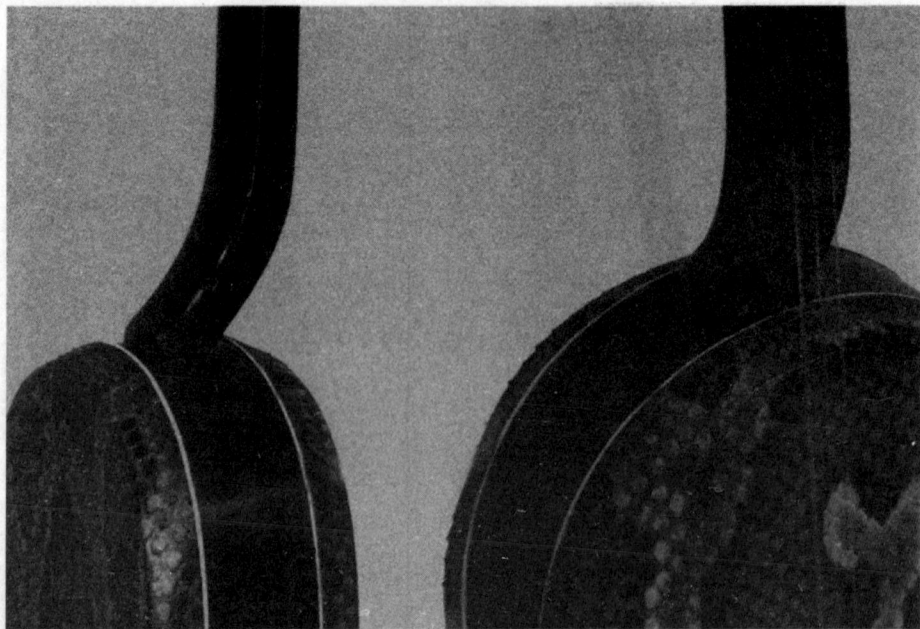

拉祜族

盛开的桃花

去他的死刑。土司无可奈何，迁就夫人和爱女，李金保免去了一死。刚直的李金保不愿为官家弹琴，他躲进深山隐居下来。后来，这首由他创作的乐曲称为"起死回生调"。拉祜人弹奏的三弦，也从此流传开来。

在沧源佤族山寨，传说从前有一家人很不和睦，经常吵架。有个老人砍来一段茶木，照木勺的样子挖空，蒙上蛤蟆皮，拴上三条弦，制成了三弦，用它弹奏出美妙感人的乐曲，不和睦的人家听后，再也不吵闹了。老

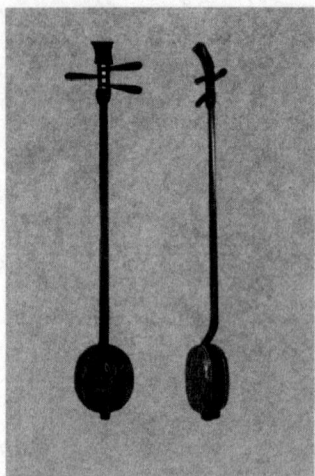
拉祜族小三弦外形与彝族小三弦相
似

拉祜族编织物

人对他们说："这三条弦好比是一家人，内弦是母亲（母弦），中弦是父亲，外弦是儿子（子弦），一家人要处得好，就要把弦调得准，才能弹出悦耳的曲调来。你们要和睦相处，生活才能美满幸福。"从此，这家人在三弦乐曲的感染下，生活一直很和睦。此后，三弦便流传开了，只要一弹起它，不分民族、性别和年龄，人们都能和睦地在一起欢乐歌舞，用它来"谈情"，建立起和睦幸福的家庭。

三弦形制比较独特，它不仅与汉族的小三弦有较大区别，也与云南其他民族的小三弦有显著不同，但却与广西壮族的三弦相仿（只有琴箱不是筒形），琴体小巧玲珑。多使用一整块梨木、果木或其他硬杂木斫制而成，当地则用糯梨木或茶木制作，而以茶木制作的音质最佳。也可琴箱单独制作，然后装入琴头、琴杆。它由共鸣箱、琴头、琴杆、弦轴、琴马和琴弦等部分组成，规格大小不一，全长40-60厘米。共鸣箱（琴鼓）呈扁圆形，琴框上、下开有装入琴杆的方孔，正面以蛤蚧皮、羊皮、蛇皮或蟒皮蒙面，并用竹钉固定，后面设有木制并镂空各种民族图案的音窗。琴箱直径8-12厘米、厚4-8厘米，较一般三弦为小，故可使发音坚实、脆亮。琴头为扁铲形，上部较宽，顶端朝后呈弧形弯曲，下部中间设有弦槽或弦库，明开的弦槽中间通透，暗开的弦库则由背面开槽、正面雕以图案花纹为饰，琴弦由下方的弦孔中穿出。琴头两侧设有三个短而粗的硬木制弦轴，置轴为左二右一，这与其他三弦的左一右二也显著不同。琴杆短而宽，呈半圆柱状体，上方设有金属山口或在山口处嵌以金属薄片，正面平坦为按弦指板，其上不设品位。琴箱皮面中央置有一截铁棍为琴马，下面垫以一枚旧时的铜币、银元或一块薄铁片。张以三条钢丝弦，弦径一

拉祜族小三弦是拉祜族传统的弹弦乐器

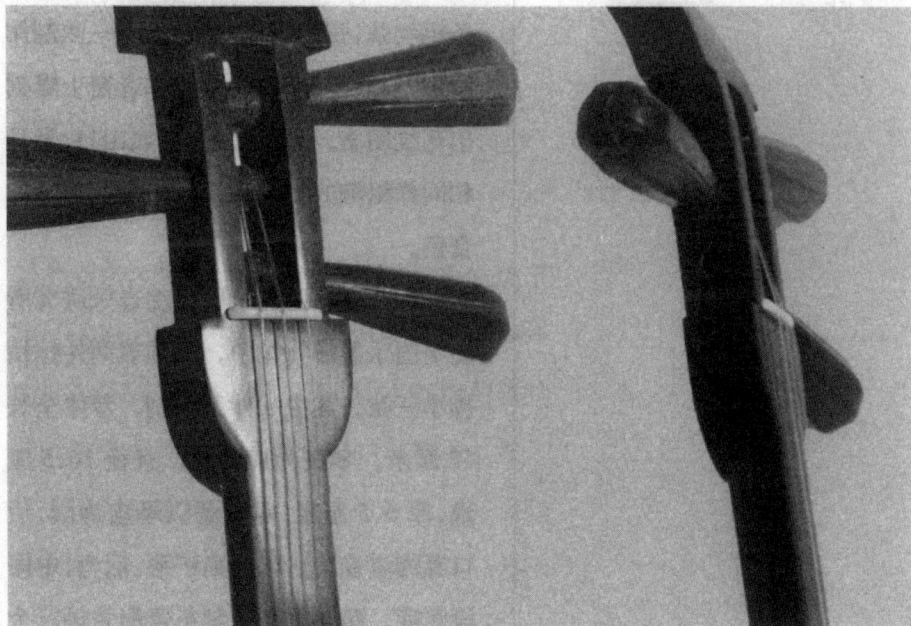

民间文化精彩纷呈

澜沧江夕照

致。拉祜族小三弦制作精细，一般多在琴头、弦库和音窗上雕刻出花纹图案。小三弦采用金属山口、琴马和同样粗细的钢丝弦，使其具有独特的音色。

在北京中国艺术研究院音乐研究所的中国乐器博物馆中，陈列着两件拉祜族小三弦。其中一件茶木制，琴体全长 57 厘米，琴鼓为扁圆形，直径 10.5 厘米，厚 6.5 厘米，前口蒙以蟒皮为面，后口置镂空音窗。琴头扁铲形、后弯，中间设弦库，两侧置梨木制花蕾形弦轴三个（左二右一）。琴杆短而宽、无品位。皮面中央置铁棍马，长 6.5 厘米，

直径 0.3 厘米，下垫圆形薄铁片，张三条
钢丝弦。另一件小三弦，糯梨木制，琴体
全长 42.5 厘米，琴鼓扁圆形，直径 7.8 厘
米，厚 4.7 厘米，前口蒙以蛇皮，后口置
金钱眼形音窗。琴头呈扁铲形后弯，中设
弦库，两侧置三个梨木制花蕾形弦轴 (左
二右一)，皮面中央置铁棍马，长 4.9 厘米，
直径 0.3 厘米，下垫长六方形薄铁片，张
三条钢丝弦。这两件拉祜族小三弦，来自
云南省澜沧拉祜族自治县，为民间艺人所
制精品，选料讲究，工艺细致，在琴头、
弦库、弦轴和音窗等部位，都雕刻有精美
的图案和纹饰，极富民族特色，这些均被

节日里的歌舞盛会

澜沧江风光

载入《中国乐器图鉴》大型画册中。

　　演奏小三弦时，将琴鼓置于右腹部，琴杆横于胸前，琴头稍斜向左上方。左手持琴，用食指、中指、无名指按弦，右手食指绑竹制拨片弹弦发音，只弹不挑，很少用轮或滚的奏法。左手按弦不用指尖肌肉，而用指甲触弦，这种特殊的按弦方法称"跪指"，可以获得其他三弦类乐器所不及的清脆明亮的音色，且余音较长。拉祜族小三弦的定弦因所奏乐曲的不同而有异，常用定弦为：d1、g1、d2；c1、g1、c2；d1、a1、d2 等，音域近两个八度。音色柔美，纤细动听，音量较小。用外弦、中弦弹奏旋律，内弦弹和音伴奏。左手常用技法有滑音、揉音、打音、撇音、带音等。小三弦常用于独奏或为民间歌舞伴奏，深受拉祜族人民的喜爱，更是青年男女社交和爱情生活中离不开的乐器。民间涌现出许多弹奏小三弦的艺人，著名的拉祜族小三弦民间盲艺人张老五，艺术功底丰厚，擅长自编自弹，曲目丰富，题材广泛，他改编和创作乐曲一百二十余首。较著名的独奏

山里的拉祜族村落

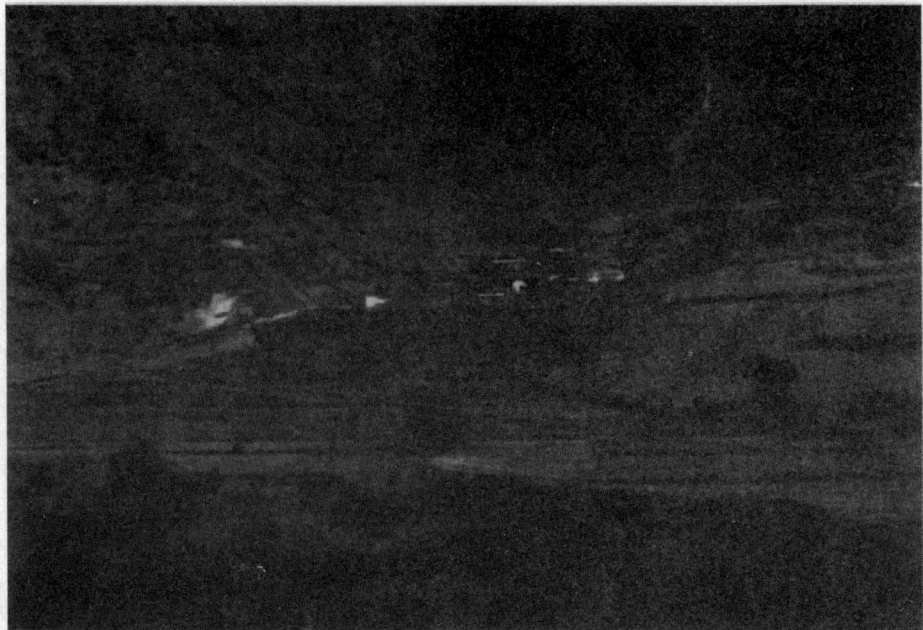

民间文化精彩纷呈

曲有《澜沧悲调》《倒板腔》《迈山调》《边界调组曲》《元周马帮调》《三人起世》《联络调》《摇篮调二首》《临江调三首》《澜沧爱情调》《玩耍调》和《情歌》等。

在澜沧和沧源等地与拉祜族相邻而居的佤族和哈尼族爱尼人，也使用形制和奏法相同的小三弦，只是因民族不同而演奏风格有异。佤族使用的小三弦，琴长五十厘米，共鸣箱扁圆形，蒙以蟒皮，直径十厘米，音色清亮而柔和，左手常用颤音、滑音和装饰音等技巧。乐曲有《孤儿调》《进阿佤山》和《阿佤调》等。哈尼族爱尼人使用的小三弦，又称弦子或当的，常用于青年男女的爱情生活。

农忙时节

拉祜族

沧源佤山风光

乐曲有《欢乐调》、《串寨子调》和《情歌》
等。

4. 民间舞蹈

拉祜族的民间舞蹈一般都是在平时的生
产劳动中产生的，其中，芦笙舞和摆舞流传
得比较广。特别是芦笙舞，在拉祜族群众中
广为流传，拉祜族男男女女老老少少都会跳。
芦笙舞的动作简单易学，但套数比较多。有
表现原始宗教的《礼仪舞》，表现生产活动
的"播种舞"，表现生活的"生活舞"，反
映社会风尚的"老人舞""男人舞""女人

舞"；还有模仿动物的"鹌鹑舞"和"斗鸡舞"等等。

逢年过节，拉祜族山寨都要跳芦笙舞。跳芦笙舞的时候，参加的人要手拉着手围成一圈或者是几圈，吹芦笙的男子在圈中边吹芦笙边跳，其他的人跟着芦笙的节拍起舞，而且要随着芦笙曲调的变化来变换舞蹈动作。芦笙舞的舞步节奏较慢，但整齐而有力，跳芦笙舞的时候，随着众人的脚一起一落，地上就会飞起一层层的黄灰。拉祜族有一句形象的话来反映跳芦笙舞的盛况：跳舞跳得黄灰起，跳起黄灰能做药。

除了芦笙舞之外，摆舞在拉祜族中也很

铺满稻草的拉祜族传统民居

拉祜族

流行。摆舞是在芦笙舞的基础上吸收傣族舞蹈的一些特点发展而成的，拉祜族和傣族的往来较多，两个民族之间的文化相互有一些影响，拉祜族摆舞中的动作，因受到傣族舞蹈的影响，显得优美而流畅。跳摆舞时，大家围成圈，随着长鼓、铓、镲等打击乐的节奏起舞，动作灵活多变，深受拉祜族群众的喜爱。

5. 民间文学

拉祜族民间文学丰富多样，精彩纷呈。主要可分为神话、民间故事、诗歌等几大类。神话部分，最早期的题材内容是反映人类繁衍、发展及其与大自然作斗争的。

拉祜族人使用的打击乐器之一——鼓

民间文化精彩纷呈

澜沧江风光

如《人是怎样传下来的》《人怎样开始种地》《历法的来历》《拿布洛购》等。而《各民族的来源》《拉祜族为什么没有文字》等篇，则是质朴地描写各民族来源及其相互之间关系的神话，它从某个侧面，再现了各民族发生、发展的历史，因而具有一定的历史参考价值。体现人民追求美好生活、赞美山川风物的神话也很多，代表作有《宝石的故事》《洗麻搪》《厄霞服龙王》《暗谷麻》《灯细陷搪》《谷子的来源》《狗为什么和人在一起》等。民间故事内容十分广泛，就时间而言主要产生于拉祜族进入领主、地主经济时期，充分反映了人民对土司、地主、头人等封建统治阶级的愤恨之情和顽强斗争的精神。主要的代表作有《贪心的龙王》《偷钱的土司》《打强盗》《火把节》等。此外，还有大量的民间故事是以爱情为题材的，有歌颂赞美高尚情操的，有揭露批判卑劣行径的，有控诉鞭笞封建道德的，主要有《鲤鱼姑娘》《龙王小姐》《孤儿与妻子》《张茶有与杨小大》等。动物故事也不少，《孔雀与鹤鸦》《者猫与麻雀》《豹子和人比本事》，想像丰富、形象感人，有哲理性，有普遍的教育意义。

拉祜族民间文学最有特点的要算诗歌，

它与音乐舞蹈紧密相联。诗歌中又分为史诗、
叙事待、情歌、习俗歌、民歌等几类。史诗中，
最著名的是《牡帕密帕》，它由《励果密呆》(意
为造天造地)、《雅卜与乃卜》(即《兄妹打猎》)、
《勐属密属》(意为寻找肥沃土地) 三部分组
成。史诗首先塑造了天神厄霞的光辉形象，
他不但创造了天地江河、日月星辰、人类万
物，而且能征服一切、改造一切，直接帮助
人们。厄霞实际成了人类智慧的化身。然后
叙述雅卜和乃卜兄妹同住一起过着采集狩猎
的原始生活，后根据天神的旨意兄妹结为夫
妻，繁衍了后代。第三部分生动形象地描述
了拉祜族人民从采集、狩猎到农耕生产的发

拉祜族跑竿比赛

展过程及其进行的民族战争，从北往南迁徙，最后定居澜沧江两岸的历史。叙事长诗以《扎努扎别》为典型代表。诗的开头首先描绘了拉祜族古代传说中的伟大英雄扎努扎别的巨人形象，对事件的缘起作了交代铺叙之后，接着就绘声绘色地描写了扎努扎别同大神厄霞曲折艰苦而长期的战斗，最后由于厄霞使用了各种阴谋诡计，扎努扎别不幸而亡，成为悲剧的结局。拉祜族人民世世代代缅怀他，称其为"博海瓦海，即最有智慧、最勤劳勇敢的英俊，实际上他是拉祜族人民在文学艺术上的象征。《扎努扎别》生动地塑造了一个人民理想中的不屈不挠的英雄形象，充分

拉祜族爬竿摘果比赛

体现了拉祜族人民征服自然、反抗压迫、争取自由、至死不屈的斗争精神和坚强意志。

6. 民间体育

拉祜族的体育活动丰富多彩，历史悠久，流传在民间的传统体育项目多种多样，主要有摔跤、踢架、射弩、火枪射击、打陀螺、荡秋千、标杆、爬杆、武术、拳术、拔腰力、拔河、拉猪、双人三脚跑、仿牛斗角、搬手、丢包、丢石、穿针、甩标签、跳芦笙等，还有一些体育游戏项目，如老鹰捉鸡、老虎抱蛋、骑马传物、打马桩等，这些传统的体育活动和民间娱乐活动相结合，具有明显的民族特点。

跑竿，是拉祜族青年男女都喜爱的体育运动，比赛场地不大，根据参赛的人数搭好跑竿。比赛时可以徒步快跑，也可负重快跑，以速度快和无失误为胜，类似田径运动的障碍赛跑。

打陀螺，拉祜族打陀螺是一人放众人打。拉祜族传说：种棉花不结桃，先祖要他们打陀螺，把陀螺砸开花，棉花就结桃开花了。所以人们祈愿棉花丰收，人人都爱打陀螺。

武术，据《普洱府志》载："随身携带枪刀弩弓，不做耕作。"传统上，拉祜村寨

拉祜族的挂包

拉祜族

中每个青年都是武士，作战时无阵式，仅三人为一作战小组，身带弩弓、长矛、长刀、短刀。拉祜族较流行的武术形式有自由拳、老鸭拳、鸡爪拳、老熊拳、小刀拳、猴拳、棍术、单刀、双刀、双棍、链铗、花枪等。

9. 民间工艺

拉祜族有很多精美的工艺品。最有名的是拉祜族的挂包，挂包一般分男式和女式两种，男式挂包较大，图案和女式挂包相比较简单，女式挂包精致小巧，但也有实用价值，女人们出门会把常用的一些小物品放在挂包里，方便携带。挂包用彩色的线织成，先用织布机（手工操作）把线织成布，再把布缝制成漂亮的挂包。拉祜族妇女一般都会制作挂包，男人们背着自己的女人制作的挂包，心里也有一种自豪感。拉祜族男女都喜欢随身佩带挂包，既美观又实用。

拉祜族男人还喜欢随身携带一把长刀，长刀也是拉祜族有名的工艺品。以前，拉祜族山寨都有铁匠打制长刀，长刀打制好后，用木片制成刀鞘，刀鞘一般用两块木片合拢而成，上面用杂篾（用竹子制成的绳子）拴住，杂篾可以编成各种图案，

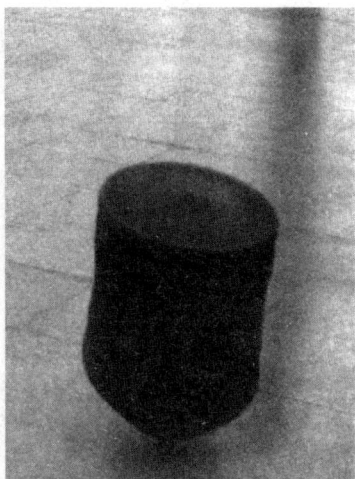

陀螺

拉祜族挎包

勤劳的拉祜族妇女

既能固定刀鞘又有装饰的作用。拉祜族的长刀，整个制作过程都是手工完成。拉祜族的长刀都要配上一条红色带花的刀带，这种刀带却是由傣族妇女制作的，每逢赶集的日子，傣族的妇女就会拿着漂亮的刀带来卖，拉祜族人都喜欢去买。

拉祜族

九 杰出人物千载流芳

奔涌不息的澜沧江

扎法

（生卒年不详），云南孟连县勐梭人，拉祜族头人，抗清起义将领。1891 年他联合傣族土司罕炳昭发动反清武装起义，他领导拉祜族人民和傣族人民屡次打退了清军，有力地打击了清王朝的腐朽统治，最后终因寡不敌众而失败。

李通明

（1861—1901），原名扎俄，生于缅甸孟卯，1874 年迁到西盟勐坎，到寺院拜佛，被三佛祖留在寺院放马，当了和尚。他刻苦攻读经书，后来又被三佛祖招为女婿，三佛祖病故后，由他继位管理行政宗教事务。